Novo Avenida Brasil 1

Curso Básico de Português para Estrangeiros
Glossary Portuguese-English

Cely Santavicca Valladão de Freitas

GW00470099

E.P.U. **EDITORA PEDAGÓGICA E UNIVERSITÁRIA LTDA.**

Novo Avenida Brasil 1
Glossary Portuguese-English

Cely Santavicca Valladão de Freitas. É licenciada em Letras, Português/ Inglês pela Faculdade de Filosofia, Ciências e Letras "Osvaldo Cruz" (São Paulo).

Dados Internacionais de Catalogação na Publicação (CIP)
(Câmara Brasileira do Livro, SP, Brasil)

Freitas, Cely Santavicca V. de
    Novo Avenida Brasil, 1: glossário inglês : curso básico de português para estrangeiros / Cely Santavicca Valladão de Freitas . --São Paulo : EPU, 2009.

Bibliografia
ISBN 978-85-12-54540-0
    1. Português - Estudo e ensino - Estudantes estrangeiros 2. Português - Glossários, vocabulários etc. - Inglês I. Freitas, Cely Santavicca Valladão de. II. Título.

09-07665	CDD-469.824

Índices para catálogo sistemático:
1. Português para estrangeiros 469.824

ISBN 978-85-12-**54540**-0

E.P.U. - Rua Joaquim Floriano, 72 - 6º andar - conjunto 65/68 - CEP 04534-000 - São Paulo - SP - Brasil   Tel.: (11) 3168 6077 Fax: (11) 3078 5803 - site: http://www.epu.com.br - E-mail: vendas@ epu.com.br

Impresso no Brasil   Printed in Brazil

Vertrieb TFM - Centro do Livro
Tel. 069-282647
Fax 069-287363
E-mail: info@tfmonline.de
www.tfmonline.de

Preface

This glossary contains all the vocabulary used in **Novo Avenida Brasil 1**, except the words and expressions that appear only in the texts for oral and written comprehension.

The words and expressions are listed according to the order in which they appear in the various steps of the book.

Words that have a common meaning (for instance: day of the week, name of the months) are organized in boxes as well as cultural information relevant to the understanding of the texts.

The authors

Summary

LIÇÃO 1
Conhecer pessoas

Conhecer	to know
as pessoas	persons, people

Greeting and saying	
bom-dia	good morning (until midday)
boa-tarde	good afternoon (until 6 PM)
boa-noite	good evening/ good night (after 6 PM)

bom	good
o dia	day
a tarde	afternoon
tarde	late
a noite	evening or night
O que vamos aprender?	What will we learn?/What are we going to learn?
o que	what
vamos	we go
aprender	to learn
cumprimentar	to greet
pedir	to ask for/ to request/ to order
dar informações pessoais	to give personal information
dar	to give
as informações	information
pessoal	personal
soletrar	to spell
despedir-se	to say good bye/to farewell
comunicar-se em sala de aula	to communicate in class
comunicar (-se)	to communicate
a sala	classroom/room
a aula	class
o diálogo	dialogue
escrever	to write
Onde você mora?	Where do you live?

morar	to live
Eu moro na França, em Paris	I live in France, in Paris
eu moro	I live
Qual é a sua profissão?	What is your profession?
Eu sou...	I am...
Como?	What?/How?

A1 Como é seu nome?

Como é seu nome?	What is your name?
como	how
ser	to be
seu	your
o nome	name
meu	my (possessive, 1st. pers. sing.masc.)

A2 Como se escreve?

Como se escreve...?	How is it written?
E como o senhor se chama?	And what is your name?/And how are you called?

o senhor, os senhores	you (masculine, singular, plural – formal usage)
a senhora, as senhoras	you (feminine, singular, plural – formal usage)
você, vocês	you (singular, plural – informal usage for friends, persons of same age and same social level)

e	and
chamar-se	to be called (call oneself)
eu me chamo...	I call myself.../ My name is...
eu	I
o sobrenome	surname

A3 O senhor é ...?

O senhor é...	Are you...?
sim	yes

não	no
a nacionalidade	nationality
americano (-a)	American
francês (-esa)	French
alemão (-ã, -ães, ãs)	German
canadense	Canadian
holandês (-esa)	Dutch
coreano (-a)	Korean
chinês (-esa)	Chinese

A4 Qual é a sua profissão?

a profissão (-ões)	profession
o/a jornalista	journalist
o jornal	newspaper
o Brasil	Brazil
onde	where
na França	in France
em Paris	in Paris
o médico (-a)	doctor
o professor (-a)	teacher, professor
o cozinheiro (-a)	cook
o arquiteto (-a)	architect
o psicólogo (-a)	psychologist
o consultor (-a)	consultant
o camelô	street vendor
o microempresário	microenterpriser, the owner of a very small company
até logo	good- bye, see you soon
até	until, til
tchau	good-bye (very informal)
sua profissão	your profession

B1 Verbo irregular *ser*

o verbo	verb
irregular	irregular
ela	she
elas	they (feminine)
nós	we

ele	he
eles	they (masculine)
responder	to answer
o que	what
secretária	secretary
italiano (-a)	Italian
Lembre-se!	Remember!
tu	you (singular)

Tu és brasileiro?	Are you Brazilian?
TU é usado em Portugal e em algumas regiões do Brasil.	TU is used in Portugal and in some Brazilian regions.
vós	you (plural)
VÓS não é usado em português moderno.	VÓS is not used in modern Portuguese.

o/a estudante	student

B2 Verbos regulares em -*ar*

trabalhar	to work
chamar	to call
andar	to walk
voar	to fly
regular	regular
outros verbos	other verbs
estudar	to study
falar	to speak/ to talk
perguntar	ask a question
começar	to begin/ to start
inglês	English
o hotel	hotel

B3 Onde? - no, na, nos, nas

o país	country/nation
o Japão	Japan
o Senegal	Senegal
o Peru	Peru

a Alemanha	Germany
a Argentina	Argentina
os Estados Unidos	United States
a cidade	city
Atenas	Athens
o lugar	place
o restaurante	restaurant
o hospital	hospital
a biblioteca	library
a escola	school
a farmácia	pharmacy/ drugstore
as exceções	exceptions
observar	to observe
a ilustração (-ões)	illustration (-s)
escolher	to choose
ou	or
correspondente	adequate

C Comandos utilizados no livro

o comando	command
utilizar	to use
o livro	book
Leia estes comandos	Read these commands
ler	to read
estes	these
Corrija.	Correct.
corrigir	to correct
completar	to complete
identificar	to identify
organizar	to organize
Ouça.	Listen
ouvir	to listen
Marque!	Mark!
Preencha…	Fill in… (imperative)
preencher	to fill in
relacionar	to connect
Faça a pergunta.	Ask the question
fazer	to make

a pergunta	question
agora	now
o exercício	exercise
com	with
a enfermeira	nurse
o artista	artist
a televisão	television
entrevistar	to interview
português	Portuguese
o motorista	driver
o bancário	bank employee
o banqueiro	banker
o/a comerciante	merchant
o hoteleiro	hotel owner
o banco	bank
o filme	film
o shopping center	shopping center/shopping mall
o turismo	tourism
o carro	car

Gente

a gente	people
a sepultura	grave
o festival	festival
o cantor	singer
a guitarra	electric guitar
os anos	years
sem	without
o porão do jazz	jazz cellar
o porão	basement/ cellar
a língua	language
roqueiro	rock musician/fan of rock music/ rocker
o sucesso	a hit/success
o grupo, a banda	group, band
a atração	attraction
voltar	to return, to come back

No telefone

no telefone	on the telephone
o recado	message
o bilhete	note
preencher	to fill in
esteve no hotel	was at the hotel
ligar	to call/to make a telephone call
para o /a Sr. (a)	for Mr./Mrs.
novamente	again
telefonar	to telephone

Números

os números	numbers
o número	number
marcar	to mark
o algarismo	numeral, figure
o /a colega	coleague
necessário	necessary
resolver	to solve

LIÇÃO 2
Encontros

Os encontros	meetings
apresentar alguém	to introduce someone
propor alguma coisa	to propose something
convidar	to invite
as horas	time/hours
perguntar as horas	to ask the time
comunicar	to communicate
a aula	class
Vou bem, obrigado	I am well, thank you
vou	I go (to go)
bem	well
Vamos tomar um cafezinho.	Let's have a coffee
tomar	to take, to drink

---

o cafezinho — coffee (Literally : a small coffee.
Cafezinho is served in very small cups, generally with a lot of sugar. It is an important part of every social gathering. It is also always served at the end of meals.)

Às cinco	at five o'clock
São quatro e vinte	It is four twenty
a irmã	sister
Oi, tudo bem?	Hi/Hello, is everything all right?
A que horas	At what time?
Você pode?	Can you ?/ May you?
Que horas são?	What time is it?
Como vai?	How are you?
ir	to go
muito prazer	glad to meet you.
muito	very/ a lot
o prazer	pleasure
Oi!	Hi!/ Hello!
Tudo bem	Everything is all right
tudo	all

A1 Este é meu colega

meu	my (masc.)
o/a colega	colleague
marido	husband
minha	my (fem.)

> Como vai? Tudo bem?   How are you? Is everything all right?
> It is a way of greeting not followed by an automatic answer. Some possible
> answers: "Tudo!" or "Tudo em ordem!" or "Tudo em paz!"

o irmão (-ãos)	brother(s)
o amigo, a amiga	friend
a mulher	wife, woman

A2 Vamos

Vamos!	Let's go!
o almoço	lunch
almoçar	to have lunch
amanhã	tomorrow
ao meio dia	at 12:00 noon
Você pode	Can you?
você	you
também	also/too
quando	when
meio, o meio	half, middle
hoje	today
poder	can, may, to be able
ótimo	excellent
o jantar	dinner
jantar	to have dinner
junto	together
combinado	O.K./agreed/ combined
o supermercado	supermarket
os dias da semana	the days of the week
o dia da semana	weekday
o dia útil	week day
a semana	week
o domingo	Sunday

a segunda-feira	Monday
a terça-feira	Tuesday
a quarta-feira	Wednesday
a quinta-feira	Thursday
a sexta-feira	Friday
o sábado	Saturday
o período do dia	period of the day
de manhã	in the morning
de tarde	in the afternoon
a atividade	activity
o cinema	cinema/ movies/ movie theater
o teatro	theater
o concerto	concert
o jogo de futebol	soccer game
o jogo	game
o futebol	soccer

A3 Que horas são?

a hora	hour/ time
Já?	Already
estou atrasado	I am late
estou adiantado	I am early

ser	to be – associated with permanent characteristics
estar	to be – associated with temporary conditions or location

em ponto	at exactly, sharp
para	to
e	and

e meia	and a half

In Portuguese, time is organized in hours and half hours. Examples : uma hora (one o'clock), uma e meia (half past one). It happens also in quarters. Examples : um quarto para as três (a quarter to three), onze e um quarto (a quarter past eleven).

o tempo voa	time runs (voa, present tense, 3rd. Pers. Sing. from verb voar= to fly)
Tempo é dinheiro	time is money
É uma e vinte	It is one and twenty – 1:20
São dez para o meio dia	It is ten minutes to midday – 11:50
meio dia	midday
a uma em ponto	at exactly one o'clock
São quinze para a uma	It is fifteen minutes to one – 12:45
o relógio	watch, clock

A4 A que horas?

A que horas?	At what time? When?
tomar um cafezinho	to take a small cup of coffee

tomar	to take/to drink

conversar	to talk, to chat, to converse
às duas e meia	at two o'clock more or less/
mais ou menos	around two o'clock
mais ou menos	more or less
mais	more
menos	less
após a reunião	after the meeting

A5 Você pode?

Você pode ir ao banco?	Can you go to the bank?
ter	to have
de…a	from…to (until)
a agenda	date book
o/a dentista	dentist
a reunião, -ões	meeting

B1 Pronome demonstrativo e possessivo

o pronome demonstrativo	demonstrative pronoum
o pronome possessivo	possessive pronoum
o masculino	masculine
o feminino	feminine
o plural	plural

o singular	singular
o/a chefe	boss, manager, director
o marido	husband
o ex-marido	ex-husband

o professor	teacher/professor
In Brazil we call "professor" any person who is devoted to teach. In order to clarify the title you have to add some explanations, like: professor universitário, professor de Segundo Grau, professor de ginástica.	

os óculos	eyeglasses
o cinzeiro	ash tray
a caneta	pen
o caderno	notebook
o lápis	pencil
o grampeador	stapler
a calculadora	calculator
a bolsa	purse/handbag
o durex	adhesive tape
a régua	ruler
a tesoura	scissors
o computador	computer
o bloco de anotações	notepad

B2 Verbo irregular ir

| a academia | gym |
| o barzinho | bar, a snack bar |

B3 Futuro imediato

o futuro	future
imediato	immediate
o infinitivo	infinitive
combinar	to combine
o elemento	element
a frase	phrase, sentence
viajar	to travel
dançar	to dance

B4 Verbos irregulares poder e ter

o tempo	time
ter programa	to have something scheduled
o programa	plan
o celular	cell phone, mobile
ter folga	to have a free time, day off (dia de folga)
o dinheiro	money
ter dentista	to see the dentist
comprar	to buy
o trabalho	work
o cinema	movies, movie theater, cinema

C1 Almoço

o almoço	lunch
que pena!	what a pity!
Tenho reunião	I have a meeting

C2 Convite para um fim de semana

Convite para um fim de semana	Invitation for a weekend
o convite	invitation
o fim de semana	weekend
Só estou livre no sábado	I am free only on Saturday
só	only, just
estar livre	to be free, available
livre	free
cedinho	very early
assim	thus
chegar	to arrive
bem cedo	early
usar	to use
o piquenique	pic nic
as compras	shopping
a pousada	inn, lodging
a excursão	trip, excursion

D1 Sugestões para o fim de semana

Sugestões para o fim de semana	Suggestions for the weekend
a música	music, song
popular	popular, pop
a pizzaria	pizza restaurant
a danceteria	night club, disco
a churrascaria	steakhouse
o bar para namorados	bar for lovers(sweethearts)
os namorados	boy and girl friends
depois	after
explicar	to explain
a comédia	comedie
as cinzas	ashes
a lavagem de roupa suja	to discuss, to talk about personal problems (Literally : to wash dirty clothes)
o destino	destination
o crematório	crematorium
a espessura	thickness
o alface	lettuce
o bacon	bacon
a moçada	group of young people
o agito	exciting, excitement
a pista	dancing area (in a night club)
o embalo	rhythm
a caipiroska	caipirinha made with vodka
os grelhados	grilled
a precisão	precision
o cliente	client
consecutivo	consecutive
a eleição	election
fechar	to close
estac. = estacionamento	parking area/lot
o manobrista	valet
múltiplo	multiple
o ambiente	atmosphere
a vela	candle
o abajur	table light

o cantinho	small corner
sussurrar	to whisper
interpretar	to play/to sing
o violão	guitar

D2 Telefonemas

telefonema	telephone call
indicar	to indicate
a sequência	sequence
a secretária eletrônica	answering machine
eletrônico	eletronic
a mesa	table
reservado	reserved
Não há mais entradas	There are no tickets left
a entrada	admission, entrance

E Comunicação na sala de aula

Comunicação na sala de aula	communication in classroom
a comunicação (-ões)	communication
a sala de aula	classroom
a sala	room
o aluno, a aluna	student
Não entendi	I didn't understand
entender	to understand
Mais alto, por favor	Louder, please
por favor	please
Pode repetir, por favor?	Can/May you repeat, please?
O que está escrito...?	What is written...?
Posso continuar?	May I continue?
continuar	to continue
Leia, por favor.	Read, please.
Entenderam?	Did you get it?/ Did you understand?
Alguma dúvida?	Any doubt/ question? Is there any doubt?
a dúvida	doubt
Estou perdido	I am lost
o silêncio	silence
Está claro?	Is it clear?
claro	clear

em casa	at home
Em que página?	On what page?
Trabalhem em pares, por favor	Work in pairs, please
o par	pair

LIÇÃO 3
Comer e beber

beber	to drink
pedir informações	ask for informations
pedir alguma coisa	ask/order something
agradecer	to thank
O que você come ou bebe?	What do you eat or drink?
a lanchonete	snack bar
a cerveja	beer
o vinho	wine

o refrigerante	soft drink/soda
no alcoholic beverage like Coca-Cola, Tônica, Fanta etc. It literally means " refreshing beverage".	

a feijoada	traditional Brazilian dish made with beans and pork
It is generally made in a single pot with black beans and pork, often served with "couve" (a leafy vegetable), farofa, rice, orange slices and caipirinha. In restaurants it is traditionally served on Wednesdays and Saturdays.	

a caipirinha	traditional Brazilian drink made of cachaça, lemon and sugar
alcoholic beverage made of pinga(of sugar cane), ice and smashed lemon.	

o peixe	fish
o suco de laranja	orange juice
o suco	juice
a laranja	orange

A1 Mesa para quantas pessoas?

Mesa para quantas pessoas?	A table for how many people?
quantos/as	how many
a pessoa	person
quanto tempo	how much time

esperar	to wait
a fome	hunger
gostar de	to like
pedir	to ask for/to order/ to request
o filé	steak

os legumes	vegetables

Legumes are vegetables other than leafy vegetables (i.e: peas, carrots, corn etc). Leafy vegetables are called verdura.

o espeto	spit (for roasting meat)
misto	mixed

A2 Vamos tomar um aperitivo?

Vamos tomar um aperitivo?	Shall we have a drink?
o aperitivo	aperitif, drink
antes de	before
Você gosta de caipirinha?	Do you like caipirinha?

obrigado/a	thank you

It is the way you say "thank you" in Portuguese. It literally means that you are obliged to thank someone for a favor. Because of that, men say "obrigado" and women say "obrigada".

a pinga	alcoholic drink made from sugar cane
Sua mesa está livre agora, senhor.	Your table is avaliable now, sir.
o senhor	gentleman

A3 O que a senhora vai pedir?

O que a senhora vai pedir?	What will you order, madam?
mal passado	rare
bem passado	well done
ao ponto	medium
Eu quero...	I want....
querer	to want
E o que mais?	And what else?
E para beber?/ E para tomar?	And to drink? And to take?

uma cerveja bem gelada	a very cold beer
gelado	frosty
para mim	for me
um/uma	a (the article)
a água mineral com gás	carbonated water
o cardápio	menu
a entrada	first course
a salada de palmitos	heart palm salad
as ervilhas	peas
a salada mista	mixed salad
o tomate	tomato
a canja	chicken soup with rice
isto é canja	it is very easy
a sopa de tomate	tomato soup
o creme de aspargos	cream of asparagus
as carnes	meat
o filé grelhado	grilled steak, such as filet mignon, or t-bone
o bife a cavalo	steak with fried egg on top
com arroz	with rice
o lombo	pork loin

o espeto misto	mixed grill

Various types of meat and sausages grilled in a spit with some pieces of onion and tomato.

as aves	fowl
o frango	chicken
o passarinho	bird
o frango a passarinho	small pieces of chicken, fried
o alho e o óleo	garlic and oil
o frango ensopado	chicken stew
os peixes	fish
o filé de peixe	fish fillet
frito	fried
as massas	pasta
o paguetti ao sugo	spaguetti with tomato sauce
o tagliarini a bolonhesa	flat noodles with meat sauce
a lasanha gratinada	lasagna with baked cheese on top

as guarnições	garnish
a batata frita	fried potatoes
os brócolis	broccoli
a cenoura	carrot
a vagem	green bean
a couve-flor	cauliflower
o pudim de caramelo	caramel pudding
o sorvete	ice cream
as frutas	fruits
a estação	season
as bebidas	beverages
a água mineral	mineral water
nacionais	national
estrangeiro	imported
brancos	white wine
tintos	red wine
o serviço	service
não incluído	(service charge) not included

A4 Na lanchonete

estar com fome	to be hungry
mas	but, however
a sede	thirst
bem grande	very large
o sanduíche	sandwich
o garçom	waiter
o maracujá	passion fruit
o bauru	warm sandwich with cheese, ham, tomato and sauce

A5 Queremos convidar vocês

convidar	to invite
tipicamente	tipically
brasileiro	Brazilian
Que bom!	How nice! That is good!
primeiro	first
gostoso	tasty
o feijão	bean

o pernil	fresh ham
o doce	sweet
a sobremesa	dessert

B1 Pronomes possessivos: seu, sua, seus, suas

a lacuna	blank
sempre	always
brasileiro	Brazilian
os filhos	children, sons
o filho	son
a filha	daughter
no próximo sábado	next Saturday
próximo/a	next
o paletó	jacket

B2 Verbos em -ar: gostar de

o artigo	article
o exemplo	example
a arte	art
o museu	museum
novo	new
tropical	tropical
a batida de coco	alcoholic beverage made of sugar, coconut milk, grated coconut and ice

B3 Verbo irregular estar

a universidade	university
o escritório	office
Londres	London
a família	family
com fome	hungry
com sede	thirsty
Nós estamos com fome	We are hungry
Eu não sei	I do not know
a praia	beach
o clube	club

B4 Verbos regulares em -er

comer	to eat
oferecer	to offer
correr	to run
bêbado	drunk
a corrida	race
porque	because

B5 Verbo irregular *querer*

saudável	healthy
a alimentação	feeding, alimentation
emagrecer	to get thin
depois da aula	after class
depois de	after
as férias	vacations
relatar	to tell
hambúrguer	hamburger
ir ao cinema	to go to the movies
dormir até mais tarde	to sleep till later
até	until/ till
mais tarde	later
fazer um lanche	to have a snack
jogar bola	to play football

B6 *Ser* ou *estar*

japonês/japonesa	Japanese
o presidente	president
visitar	to visit

C Observe as situações e imagine os diálogos

a situação/ as situações	situation (-s)
imaginar	imagine
vegetariano	vegetarian
levar	to take
pouco	little
o prato	plate/ dish
o almoço de negócios	business lunch

o negócio	business
ocupado	busy
mudar	to change
a espera	wait
dentro de meia hora	in half-an-hour
dentro de	within

D1 Carne e peixe

carne e o peixe	meat and fish
o freguês	customer
contente	happy, pleased, satisfied
descontente	dissatisfied
o churrasco	barbecue
a especialidade	specialty
servir	to serve

D2 Feijoada

o título	title, headline, top line
o anúncio	advertisement
correto	correct
discar	to dial
aguardar	to wait
sem dor de cabeça	without problem
dizer	to say
completo	complete

E1 Almoço e jantar

o cardápio	menu
quente	hot
a pressa	hurry, haste
estar com pressa	to be in a hurry
a frio	cold
a caloria	calorie
o aniversário	birthday
especial	special

E2 A mesa

os talheres	silver ware
a colher de chá	tea spoon
a colher de sopa	soup spoon
a bandeja	tray
o açucareiro	sugar bowl
o bule	teapot
a colher	spoon
o chá	tea
a colher de sobremesa	dessert spoon
a colherinha	small spoon for cafezinho
o copo	glass, drinking glass
a faca	knife
o garfo	fork
o guardanapo	napkin
a toalha	table cloth
a xícara	cup
a xicrinha	small cup for cafezinho

LIÇÃO 4
Hotel e cidade

hotel e cidade	hotel and city
expressar	to express
os desejos	wishes, desires
a preferência	preference, choice
a localização	localization
a direção	direction
confirmar algo	to confirm something
sugerir	to suggest
reclamar	to complain

pois	since, because
Pois, pois sim, pois não = well, well then, sure. These three forms have an affirmative meaning in spite of the word "não". Pois sim! – well then! Pois não! – sure!	

pois sim	oh, sure! (ironically)

A1 Quero fazer uma reserva

Quero fazer uma reserva	I want to make a reservation
a reserva	reservation
Às suas ordens?	May I help you?
o apartamento	apartment
duplo	double

para dia 10 de novembro	for November 10th
In Portuguese the dates are referred to as follows: dia primeiro de novembro, dia dois de novembro, dia três de ...	

novembro	November
ficar	to remain, to stay
a saída	exit, departure
Certo?	Correct?

A2 Prefiro um apartamento de fundo

de fundo	in back
de frente	in front
Pois não?	Can I help you?
o apartamento simples	single room
simples	single
a suite	suite
a suite especial	Luxury suite
a diária	daily expenses
aqui	here
o preço	price
caro	expensive
o barulho	noise
a rua	street
o documento	document
o passaporte	passport
dela	her (poss. Pron. 3rd person feminine, singular)
levar	to take
a bagagem	baggage, luggage
para cima	upstairs
o frigobar	minibar (small fridge/ bar)
o ar condicionado	air conditioner
o ar	air
a banheira	bath-tub
a internet	internet

A3 O chuveiro não está funcionando

O chuveiro não está funcionando	The shower is not working
o chuveiro	shower
funcionar	to function
Queria mudar de quarto	I would like to change my room
Algum problema?	Do you have a problem?
o problema	problem
É que...o quarto tem o cheiro de mofo	Is that...the room smells like mould
o cheiro	smell, odor

o mofo	mould
Não tem problema	It is not a problem
barulhento	noisy
o elevador	elevator
o telefone	telephone
ao lado	at the side
a cama	bed
duro	hard
o quarto	bedroom
escuro	dark
pequeno	small
abafado	stuffy, sultry

A4 É perto?

perto	close, nearby
Eu gostaria de conhecer a cidade	I would like to see the city
recomendar	to recommend
Por que a senhora não vai visitar...?	Why don't you visit...?
Por que?	Why?
A que horas abre?	What time does it open?
abrir	to open
achar	to think, to find
precisar	to need
tomar	to take
o táxi	taxi
o ônibus	bus
andar a pé	to walk (on foot)
o pé	foot
talvez	perhaps, maybe
então	then
Passeio Público	name of a park in Curitiba
o passeio	leisurely trip, outing
público	public
daqui	from here
Ficar longe	to be located faraway
o parque	park

| o bosque | woods |
| o imigrante | immigrant |

A5 Siga em frente

Siga em frente	Proceed further /go ahead
seguir	to follow, proceed
Pois não	Yes, sure
a rodoviária	bus terminal
Vire à direita	turn right
virar	to turn
a direita	right
a esquerda	left
o correio	post office
o sinal	signal, traffic light
o quarteirão	block
a quadra	block
a esquina	corner
segundo/a	second
terceiro/a	third
a padaria	bakery
o largo	public square, plaza
a praça	large square
o colégio	school
a doceria	candy shop
o açougue	meat shop
o posto de gasolina	gas station
a peixaria	fish shop
o aeroporto	airport
a mercearia	grocery store
a sapataria	shoe shop
a adega	wine cellar (also a wine or beverage store)
o bazar	bazaar, fancy fair
a rotisserie	delicatessen, deli

B1 Verbo ficar

Faça o mesmo	do make the same
o mesmo	same
os pais	parents

a piscina	swimming pool
para onde	where to
fazenda	farm

B2 Pronomes possessivos: dele, dela, deles, delas

dele	his (poss. pron. 3rd. pers. sing. Masculine)
sobre	about
o engenheiro	engineer
bonito	pretty, handsome, beautiful
o namorado/a	boyfriend/ girlfriend
a vida	life
o salário	salary
baixo	low, short
a mãe	mother
a empregada doméstica	maid
empregado/a	employee
doméstico	domestic
difícil	difficult
o centro	center

B3 Comparação com mais

a comparação	comparison
o mar	sea, ocean
tranquilo	tranquil, calm, peaceful
a avenida	avenue, street
barato	cheap
maior	larger, bigger
menor	smaller
melhor	better
pior	worse

B4 Verbos em –ir

partir	to leave, to depart
discutir	to discuss, to argue
assistir	to attend, to watch, to assist
dividir	to divide
desistir	to give up, to desist, to quit
decidir	to decide

permitir	to permit
proibir	to prohibit
a loja	shop, store
a bilheteria	ticket counter
o bilhete	ticket
a correspondência	correspondence, mail
a porta	door
transmitir	to transmit

B5 Verbos irregulars: fazer, preferir

preferir	to prefer
a caminhada	walk
o yoga	yoga
a agência	agency
a natação	swimming
nadar	to swim
a criança	child
o avião	airplane
seguro	safe, secure
viver	to live

B6 Verbos abrir, fazer, preferir

nada	nothing
dormir	to sleep
fechado	closed
o diretor	director
pessoalmente	personally

B7 Está funcionando

devagar	slowly
a igreja	church

B8 Imperativo

a ordem	order, command
a janela	window
reduzir	to reduce
a velocidade	speed, velocity
parar	to stop

C1 Hotel

hospedar	to receive as a guest
a geladeira	refrigerator
o aquecimento central	central heating
a sala de reuniões	meeting room
aquecido/a	heat, warmed
a quadra de tênis	tennis court
o estacionamento	parking area/ lot
a quadra de vôlei	volley court
o cofre	safe
o souvenir	souvenir, keepsake
a taxa de serviço	service charge
a agência de viagens	travel agency
o mirante	mirador, belvedere
o cartão de crédito	credit card
o conforto	comfort
o bar	bar
a camareira	chambermaid
a desordem	disorder, untidiness
sujo	dirty
limpo	clean
limpar	to clean
o banheiro	bathroom
arrumar	to straighten, tidy up, arrange
faltar	to miss, to be missing
o sabonete	toilet soap
trocar	to change
o lençol	sheet
a luz	light
O senhor tem razão	You are quite right
ter razão	to be right
a razão	reason, right
o gerente	manager

C2 Caminhos

o caminho	road, way, route
consultar	to consult

o mapa	map
dirigir	to drive
a drogaria	drugstore, pharmacy
importante	important
o modo	manner, way
o estádio	stadium
o evento	event
o show	show
lá	there
pegar	to catch
o bonde	streetcar, trolley
descer	to go down, to descend, get off
combinar	to agree on

D1 Quem procura o quê?

Quem procura o quê?	Who looks for what?
procurar	to look for
interessar	to interest
o empresário	entrepreneur
paulista	of or pertaining to the state of São Paulo
o plano	plan
passar	to pass, spend
social	social
as montanhas	mountains
o aposentado	retiree
a metade	half
o ano	year
o fazendeiro	farmer
o interior	interior
investir	to invest
gastar	to spend
ideal	ideal
cada	each
inesquecível	unforgetable
o lucro	profit
o pedalinho	a type of boat operated by pedals
os cavalos	horses
a charrete	horse cart

a lareira	fireplace
lindo	beautiful
os feriados	holidays

D2 Onde você está?

Onde você está?	Where are you?
examinar	to exam
encontrar	to find, to discover, to meet(with)
apontar	to point, to indicate
o local	place, local
o mapa	map

E1 Trânsito

o trânsito	traffic
a placa de trânsito	traffic sign
a placa	plate sign
a parada obrigatória	compulsory stop
a parada	stop
obrigatório	compulsory, obligatory
obrigar	to oblige, to obligate
proibido	prohibited, forbidden
sentido proibido	direction prohibited
o sentido	direction
proibido virar à esquerda	to turn left is prohibited, forbidden
proibido estacionar	parking is prohibited
proibido	prohibited
estacionar	to park
estacionamento regulamentado	parking allowed
proibido parar ou estacionar	stopping or parking prohibited
a velocidade máxima	max. speed permitted
máximo	maximum
a mão dupla	two-way-traffic
a mão (-ãos)	direction
a contramão	against one-way-traffic
a sorte	good luck
a vaga	vacancy
ali atrás do carro...	there behind the car...

ali	there, in that place
atrás	behind
azul	blue
olhar	to look at
o guarda	guard
de jeito nenhum	no way
Aqui nem podemos parar	We cannot even stop here
nem	neither, nor, not even
Esta rua é de duas mãos?	Is this street two-way?
a mão única	one way
Fique à direita	Stay on the right
Não vire nem à esquerda, nem à direita	Do not turn left or right
o excesso de velocidade	excessive speed, too fast
o excesso	excess
o moço	young man
a multa	fine ticket
retirar	to take away, to remove, to draw back
logo	soon
aqui	here

E2 Amazonas - Números

a área	area
a população (-ões)	population
urbano	urban
rural	rural
a densidade	density
a densidade demográfica	demographic density
a capital	capital
o município	municipal district, city
principal	principal, main
a rodovia	high way
federal	federal
estadual	of the state
os habitantes	inhabitants

LIÇÃO 5
Moradia

a moradia	residence, habitation
descrever	to describe
as coisas	things
expressar	to express
o contentamento	contentment, satisfaction
o descontentamento	discontentment, unsatisfaction
comparar	to compare
o portão (-ões)	gate
a suite	suite
o abajur	table light

a casa térrea	one-storey house

In Brazilian Portuguese there is a difference between "casa" and "sobrado". Casa térrea – one floor house. Sobrado – two.or three floor house. Prédio – It is any kind of building, from a house to a skyscraper

o living	living room
a sala de jantar	dining room
o armário embutido	built-in closet
o armário	cupboard, closet
embutir	to build-in, to inlay
a cozinha	kitchen

a área de serviço	service area

Part of a house or apartment, where we wash and iron the clothes and where we have the maid's room. It is the laundry area.

o jardim	garden
o quintal	back yard
o dormitório	bedroom
a garagem	garage
a cadeira	chair
tomar banho de chuveiro	to take a shower

as flores	flowers
lavar e passar roupa	to wash and to iron clothes
as bicicletas	bykes

A1 Estou procurando uma casa para alugar

alugar	to rent
o site	website
algumas	some
ajudar	to help
neste bairro	in this area
neste	in this
o bairro	area of the city
possível	possible
fácil	easy
a região	region
a zona oeste	western side of the city
a zona	zone, area
oeste	west
a ficha	file
o sobrado	two-storey house
os imóveis	real state
ainda	still, yet
Já encontrou alguma coisa?	Have you already found something?
a coisa	thing
parecer	to look, to seem
interessante	interesting
o térreo	ground level, downstairs
o lavabo	guest bathroom, powder room
o andar superior	upper floor, upstairs
kitchenette	small apartment like a studio
o terraço	terrace
o WC	toilet

A2 Esta sala é um pouco escura

a chave	key
o portão (-ões)	gate
único	only

A divisão interna é muito bem feita	The interior is well divided
a divisão (-ões)	division
interno	internal, inside
por último	at the end
o roupeiro	wardrobe, clothes closet
Não bate sol	It never gets sun
bater	to hit
o sol	sun
o lado	side
ensolarado	sunny
úmido	humid
nem um pouco	not even a little
diferente	different

A3 Você já resolveu seu problema de apartamento?

ainda não	not yet
ainda	still, yet
naquele	in that
o prédio	building
o vizinho	neighbour
o aluguel	lease, rent
o condomínio	condominium

A4 Onde está?

em cima de	on the top of
embaixo de	under
em frente de	in front of
perto	near, close
a lousa	board, blackboard
a parede	wall
o espelho	mirror
a estante	book case
a almofada	cushion
o quadro	picture, painting
o travesseiro	pillow
o fogão	stove

o vaso	vase
o vaso de flores	flowerpot
o tapete	rug

B1 Pretérito Perfeito: verbos em -ar

a forma	form
ontem	yesterday
o vendedor	salesman
aumentar	to increase
mostrar	to show

B2 Pretérito perfeito: verbos em –er

receber	to receive
famoso	famous
pelo contrário	on the contrary
a comida	food
péssimo	very bad
perder	to loose

B3 Pretérito perfeito: verbos em -ir

durante algum tempo	for some time
durante	during
dividir	to divide, to share
diminuir	to reduce, diminish
a despesa	expense
a exposição	exhibition
o carro antigo	old car (antique)

B4 Verbos em –ar, -er, -ir

no último fim de semana	(on the) last weekend
no mês passado	in the last month
passado	past

B5 Comparativo

| o comparativo | comparative |
| tão...quanto/como | as...as |

O carro de boi	oxcart
O Ford modelo T (ford de bigode)	T model Ford
o carro de fórmula 1	formula one race car

o ano de fabricação	production year (date)
o combustível	fuel
a capacidade	capacity
o tanque de combustível	fuel tank
a potência	power
as marchas	gears (in a car), velocity
os passageiros	passengers
o peso	weight
o preço	price
moderno	modern
rápido	fast
confortável	comfortable
econômico	economic
grande	big, large
pesado	heavy
lento	slow

C1 Como é sua casa?
estreito	narrow

C2 Decoração da casa nova
a poltrona	armchair, upholstered chair
o aparelho de som	stereo system
a cortina	curtain
o banquinho	little bench, stool
o chão	floor
tirar	to remove
colocar	to place
mudar	to move, to change
perto de	near
longe de	far from
na frente de	in front of
entre	between, among

D1 Gostaria de colocar um anúncio no jornal...

Gostaria de colocar um anúncio no jornal	I would like to place an advertisement in the newspaper

apto. = apartamento	apartment
dorm. = dormitório	bedroom
s. = sala	living room
cp.= copa	breakfast room
banh. = banheiro	bathroom
AE/ arm. emb. = armário embutido	built-in closet
area de serv. = area de serviço	service area
mob. = mobiliado	furnished
gar. = garagem	garage
arm. = armário	cupboard, closet
acarp. = acarpetado	covered with carpet

D2 Moradias

moradias	residences, habitations
o lar	home
a proporção	proportion
domicílios atendidos	residences attended
a água encanada	canalized/piped water
o esgoto sanitário	drain, sewer
a energia elétrica	electrical energy
a coleta de lixo	trash collect
a lava-roupa	washing machine
o programa	program
construir	to build
a qualificação	qualification
a mão-de-obra	labor, man power
a construção civil	civil architecture
a alternativa	alternative, option
a geração	generation
a renda	income
por meio de	by means of
os cursos	courses

a capacitação	qualification
profissional	professional
especialmente	especially
as casas populares	popular houses
baixa qualidade	low quality
a causa	cause
a demanda	request, demand
o déficit habitacional	habitational deficit/shortage
as classes mais pobres	poorest classes
exigir	to demand
a produção	production
o custo	cost
o envolvimento	envolvement
efetivo	effective
beneficiar	to benefit
o objetivo	objective
geral	general
preparar	to prepare
o intermédio	intervention , intermediate
o pedreiro	brick layer, mason
o carpinteiro	carpenter
o encanador	plumber
o pintor	painter
o monitor de construção civil	civil architecture monitor
o ponto de partida	foot hold, starting point
o planejamento participativo	participative planning
a comunidade	community
o projeto	project, plan, scheme
os horários	time-table, schedule
a tinta	paint, ink
o telhado	roof
a água	water

LIÇÃO 6
O dia-a-dia

o lazer	entertainment, leisure, free time recreation
ir trabalhar	go to work
ir à praia no fim de semana	to go to the beach on the week-end
dar aula	to give class
ter aula	to have class
fazer compras	to shop

A1 O dia-a-dia de duas brasileiras

o dia-a-dia	daily, day by day
passear	to stroll, take leisure trip
brasileiras	Brazilian
a dona de casa	housewife
dar trabalho	to demand a lot of work
a faxineira	maid, cleaning maid
o judô	judo
o ballet	ballet
para lá e para cá	here and there
para cá	here
o tempo todo	all the time
ir buscar	to go for, fetch
terrível	terrible
geralmente	generally
de vez em quando	every now and then
às vezes	at times
adolescente	adolescent, teenager
o emprego	job (employment)
levantar	to rise
o café	coffee, breakfast
a patroa	employer (generally" a patroa" is the housewife)
lavar	to wash
passar roupa	to iron clothes

a roupa	clothes
Deus	God

Puxa!	Gosh! Gee!

cansado	tired
o dia inteiro	the entire day
inteiro	entire
por isso mesmo	that is the reason
a rotina	routine
a idade	age
o horário de trabalho	work schedule

B1 Pretérito Perfeito – Verbos irregulares ser e ir

o ovo	egg
rico	rich
pobre	poor
o paciente	patient
casado	married

B2 Pretérito Perfeito – Verbos irregularres ter, estar, fazer

a festa	party
o teste	test
o grêmio	fraternity, guild

B3 Pretérito Perfeito dos verbos irregulares : querer e poder

o compromisso	engagement, appointment
conjugar	to conjugate

B5 Verbos irregulares no Pretérito Perfeito

o presente	present

B6 Pronomes pessoais: o, a, os, as, -lo, -la, -los, -las

o pronome pessoal	personal pronoun
Claro...	Naturally, of course
a revista	magazine

C1 Seis brasileiros

Eis as respostas	Here are the answers
a resposta	answer
a faculdade	college
a prova	test
a matemática	mathematics
a academia	academy
É só.	That is all.
o vendedor ambulante	street vendor
a mercadoria	merchandise, goods
sobrar	to remain
as contas	bills
atrasadas	arrears , bills that are not paid in time

---

o favelado	person who lives in a favela (slum area)

Favelas are slum areas. Dwellings of wood, cardboard or other scrap material are constructed on vacant land. Favelas exist in large cities, scattered throughout the city. Some are quite large.

---

metódico	methodical
em seguida	following
tomar banho	to take a bath
reunir-se	to meet
o assessor	advisor
o diretor financeiro	finance director
fora	out
o setor	area
tratar	discuss
cansativo	tiring, stressful
a jornada	day's work
a fábrica	factory

doente	sick

jogar	to play (game)
The word play has many meanings in Portuguese. The most important are:	
jogar futebol, xadrez, roleta	to play soccer, chess, roulette etc.
brincar com brinquedos	to play with toys
representar um papel	to play a role (in the theater, cinema)
tocar um instrumento	to play an instrument (piano, guitar etc)

a sinuca	snooker, pool
o pessoal	group
o sogro/a sogra	father/mother- in-law
aproveitar	to take the opportunity to
o jacaré	alligator
a zona franca	free port
a loucura	craziness, insanity
participar	to participate
acordar	to wake up
o estúdio	studio
gravar	to record

a novela	soap opera/ a story on television, presented in chapters
Some have more than 200 chapters before reaching a conclusion. They are very popular in Brazil, shown on the major channels between 6:00 and 10:00 PM.	

o comercial	commercial
a equipe	staff, team
Búzios	beach resort north of Rio de Janeiro
rodar	to film
a cena externa	outside scene
a cena	scene
a peça	drama, play
o grupo	group
a ecologia	ecology
em geral	in general
o turista	tourist

o rapaz	young man
subir o rio	to go up the river
subir	to go up

o Rio Negro	the Rio Negro river
one of the two rivers that form Rio Amazonas , in front of Manaus. It literally means "the black river", because of the color of its water.	

o barco	boat
a selva	jungle, rain forest
a mata	forest
o clima	climate
o mosquito	mosquito
a experiência	experience
positivo	positive
o guia turístico	tourist guide

C3 Calendário brasileiro

o calendário	calendar
os meses	months
janeiro	January
fevereiro	February
março	March
abril	April
maio	May
junho	June
julho	July
agosto	August
setembro	September
outubro	October
novembro	November
dezembro	December
as estações	seasons
o verão	summer
o outono	autumn
o inverno	winter
a primavera	spring
passagem de ano	New Year celebration

férias escolares	school holidays
o carnaval	carnival
águas de março	the rains of march

| Tiradentes | Holiday to commemorate the day Tiradentes was executed. He was the |

Leader of the revolution against the colonial power of the Portuguese, over Brazilians April 21.

Dia do Trabalho	Labor Day. May 1.
Festas juninas	Celebration to commemorate three saints in June: St. Anthony, St. John and St. Peter. They usually take place in the open air.
Independência	To celebrate the independence of Brazil from Portugal. September 7.
padroeira	patron saint
Proclamação de República	To commemorate the creation of the Republic. November 15.
Natal	Christmas. December 25
o feriado nacional	national holiday
religioso	religious

D1 Sinal fechado

sinal fechado	red light (traffic signal)
cantar	to sing
a letra	lyrics
incompleto	incomplete
esquecer	to forget
Eu vou indo e você?	I am fine, and you?

D2 Poesia e arte brasileira

poesia e arte brasileira	poetry and Brazilian art
a poesia	poetry
morto	dead
o pintor	painter
o poeta	poet

a infância	infancy, childhood
profissional	professional
o carioca	someone from Rio
o farmacêutico	pharmacist
o funcionário público	civil employee
a crônica	chronicle
o trabalhador do campo	farm hand
o desenho	drawing
a evolução	evolution

E Poemas surrealistas

o poema	poem
surrealista	surreal
formar	to form
rir	to laugh
presa	prisioner, emprisoned

REVISÃO 1

R1 Ponto de ônibus

o ponto de ônibus	bus station, bus stop
o ponto	stop (bus, railway...)

R2 Jogo da Velha

> o jogo da velha   Tic Tac Toe (name of game)
> A game whose aim is the conquest of ligned up board squares. It literally means " game of the old woman".

a instrução	instruction
a casa	square
conquistar	to win (to conquer)
a linha	line
reto	straight
horizontal	horizontal
vertical	vertical
diagonal	diagonal
ganhar	to win
contar	to count, to tell
o planetário	planetarium
o transporte	transportation
o café-da-manhã	breakfast
a sugestão (-ões)	suggestion
adulto/a	adult
o zoológico	zoo
o animal	animal
o inquilino	tenant
à vista	cash
a distância	distance
o comércio	commerce, trade

EXERCÍCIOS LIÇÃO 1

o documento de identidade	identity papers, documents
a residência permanente	permanent residence
acompanhante	companion, follower
o navio	ship
o trem	train
a assinatura	signature

EXERCÍCIOS LIÇÃO 2

vias públicas	streets, avenues...
o resultado	result, consequence, effect
economizar tempo	to save time
a tarefa	task

EXERCÍCIOS LIÇÃO 3

bem gelada	very cold
os decendentes	descendants
povoado/a	populated
a cana-de-açúcar	sugar cane
alegre	happy
cozinhar	to cook
a refeição	meal
A Indústria de calçados	shoe industry

EXERCÍCIOS LIÇÃO 4

a confusão	confusion
o mérito	merit
a estadia	permanency, stay

EXERCÍCIOS LIÇÃO 5

agradável	pleasant
a mudança	move
o caminhão	truck
os tipos de moradia	kind of habitations/ residences
as mansões	mansions
as habitações precárias	precarious, insecure habitations

a oca	Indian hut

o telhado de palha	straw roof
a rede	net
a taba	Indian village
palafita	palafitte: a lake dwelling
as estacas	stake, pole
a casa de fazenda	farm house
o cortiço, uma casa velha	slum, tenement house
a habitação coletiva	collective residence
a privacidade	privacity
o barraco	hut
a bobagem	foolishness
o consultório	doctor's office
secar	to dry
o jardineiro	gardener
estrangeiro	foreign
a casa	house
investimento	investment
luxuoso	luxurious
perto	near
feio	ugly
a data	date

EXERCÍCIOS LIÇÃO 6

às vezes	sometimes
a familiaridade	familiarity, intimacy
o respeito	respect
o jovem	young person
o nível social	social level
o cargo	charge
a deferência	respect
a dentadura	denture, set of teeth, false teeth
ampulheta	hour-glass/ sand-glass
a madrugada	dawn(ing), day-break
lúcido	lucid
otimista	optimistic
o contador	accountant
homenagear	to homage
a horta	vegetable garden
o pomar	orchard
suculenta	succulent, juicy
apreciador	appreciator
o guarda-livros	accountant
o viúvo	widower, wifeless
o noticiário	news service
as emissoras de rádio	radio broadcasting stations
o raciocínio	ratiocination, judgement
a azeitona	olive
o salame	salami
o queijo	cheese
consome (consumir)	he consumes (to consum)

o guarda roupa	closet
o terno	man's suit
a gravata	tie
o plantio	plantation, planting
calejado	callous
o tio-avô	great-uncle
o último	last
as férias	vacation

Jogo do Sapo

o sapo	toad
o dado	die
subtrair	subtract, diminish
a meta	target, goal